Patas de los animales

por Mary Holland

Hay pies y patas de diferentes formas, números y tamaños. Son utilizadas para nadar, brincar, agarrar, cavar, prevenir a otros, atrapar comida e incluso, ¡probar comida! Depende de cómo sean las patas y los pies de los animales, te dejarán saber mucho acerca de cómo viven.

Como todos los insectos, los notonéctidos tienen tres pares de patas. Cada par hace un trabajo diferente. Estos notonéctidos atrapan a su presa con sus dos patas delanteras, la sujetan con sus dos patas medias, y nadan en el agua con sus dos patas traseras que son planas y peludas.

Parece que las orugas tienen muchas patas, pero únicamente los tres primeros pares de patas son las verdaderas. Las otras se llaman patas falsas. Las patas verdaderas tienen muchas secciones y la mayoría de las veces, tienen una uña en la punta. Las patas falsas tienen pequeños ganchos que son como copas de succión. Esos ganchos permiten que las orugas puedan subir a las superficies lisas como los tallos de las plantas y las hojas. Las patas verdaderas en esta polilla de cecropia son verdes. Las patas falsas son de color azul—¿puedes encontrarlas?

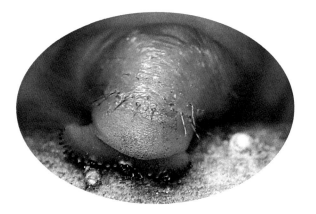

Cuando una oruga se convierte en una polilla o en una mariposa, se queda con sus seis patas verdaderas pero pierde sus patas falsas.

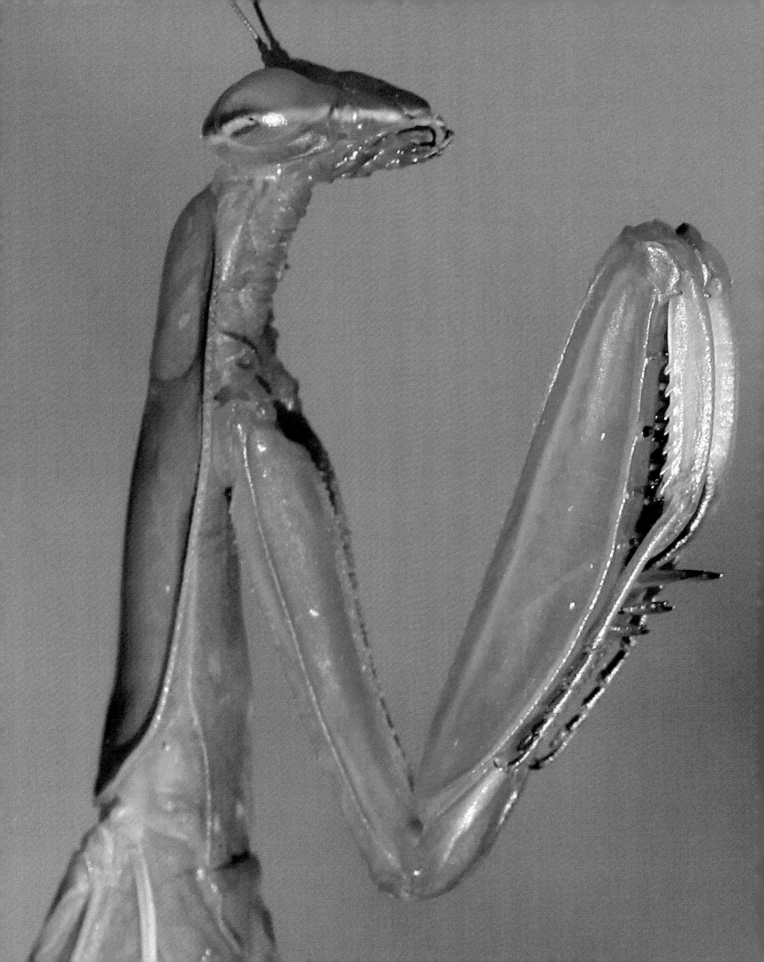

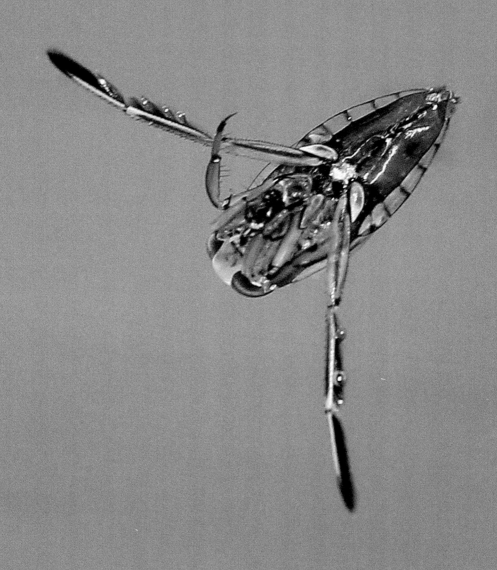

La mayoría de las ranas que viven en el agua, como esta rana verde, tienen pies traseros palmeados. La parte palmeada entre sus dedos las convierte en unas aletas. ¿Te has puesto unas aletas cuando vas a nadar? Puedes nadar mucho más rápido con las aletas en tus pies, y ¡también las ranas pueden! Con sus pies traseros palmeados y sus fuertes músculos, una rana puede nadar muy lejos, y muy rápido.

La mayoría de las ranas que viven en tierra firme tienen pies traseros que no son palmeados.

Algunas ranas que viven en tierra firme tienen dedos de los pies especiales con almohadillas redondas que son muy pegajosas.

Muchas de las ranas que tienen los dedos así, como esta rana arbórea gris, viven en los bosques, donde estos dedos de los pies redondos con almohadillas les ayudan a subir a lo alto de los arbustos y los árboles.

Este insecto se llama rezadora o religiosa (mantis) porque sus dos patas delanteras están dobladas y juntas lo que la hace parecer que está rezando.

Las mantis religiosa son depredadores y se comen a otros insectos como los grillos, saltamontes, y moscas. Utilizan sus patas delanteras para atrapar a su presa. Las espinas en esas patas se intercalan cuando atrapan a un insecto, lo que le imposibilita escapar.

La mayoría de las arañas y muchos insectos, como las mariposas, las moscas y los mosquitos, ¡pueden probar la comida con sus pies! Cuando una araña o un insecto se posa sobre una flor, hoja o animal, sus pies pueden probarlo. La araña o el insecto sabe si se ha posado sobre algo que es bueno para comer o beber.

Las tortugas que viven en los estanques y los arroyos, generalmente, tienen pies palmeados que las ayudan a nadar. También tienen garras largas, o uñas, que les ayudan a subirse a las orillas del río, los tocones, y los troncos que flotan en donde les gusta tomar el sol.

Las tortugas de los estanques también utilizan sus patas y sus garras para cavar hoyos en donde pueden poner sus huevos.

Los pájaros que comen animales (aves de presa) tienen uñas fuertes, o garras, para atrapar a sus presas.

Las garras son muy, muy filosas. Los halcones, cernícalos y águilas utilizan sus garras para atrapar conejos, ratones, peces y muchos otros animales. Ellas sujetan a su presa con las garras mientras la despedazan con sus picos en trozos pequeños.

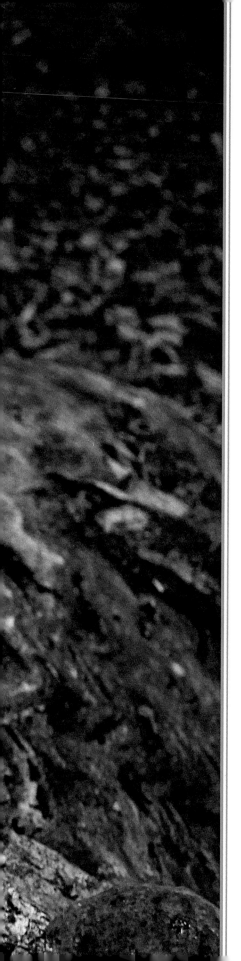

Las patas de un grévol engolado tienen un aspecto distinto en invierno y otro, durante la primavera. En el otoño, les crecen pequeñas cerdas (púas) en ambos lados de cada dedo.

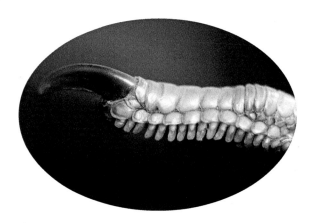

Esas cerdas hacen más grandes las patas del grévol y les ayudan a caminar sobre la nieve, como los zapatos para la nieve que previenen a la gente hundirse en ella. Los faisanes grévol generalmente, se posan sobre heladas ramas de árbol para comer insectos y estas cerdas le ayudan a agarrarse más fuerte y no resbalarse de la rama. Durante la primavera, cuando ya no hay nieve y hielo, las cerdas se les caen, pero les crecerán nuevamente en el otoño.

A muchas personas no les gustan los zorrillos rayados porque tienen un olor fuerte, pero usualmente, no lo rocían a menos que estén asustados. Aun así, muy a menudo, dan una alerta antes de rociar. Los zorrillos alertan que van a hacerlo golpeando sus patas. ¿Puedes golpear tus pies como un zorrillo?

Cuando un animal ve a un zorrillo haciendo esto, sabe que tiene que darse vuelta y correr si no quiere ser rociado. Generalmente, el animal se va, pero si no lo hace, el zorrillo lo apunta con su parte trasera, levanta su cola, y aprieta sus glándulas olorosas y cubre al animal con un líquido muy apestoso.

Las nutrias de río pasan mucho tiempo en el agua. La mayoría del tiempo, están atrapando peces, ranas, y tortugas para comérselas. Para atrapar su comida, las nutrias deben ser hábiles para nadar rápido. Los cuatro pies que tienen son palmeados, con una parte de piel entre sus dedos. Tal y como las ranas, patos y otros animales con pies palmeados, las nutrias de río pueden moverse rápido a través del agua.

Los topos son pequeños animales peludos que cavan túneles debajo de la tierra. Los pies delanteros del topo parecen y hacen el trabajo de las palas. Son cortos, pero muy fuertes y sus patas tienen muchos músculos. Cuando cava un túnel, un topo rema con sus pies entre la tierra como si estuviera nadando.

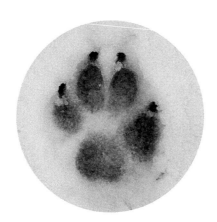

Algunos animales, como los pájaros, gatos y perros, caminan sobre sus dedos de los pies.

Otros animales, como los venados y los alces, caminan sobre sus pezuñas.

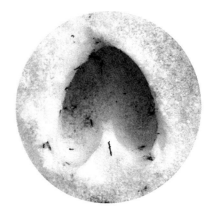

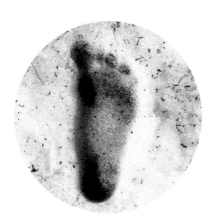

Animales como los mapaches, osos y los humanos, caminan sobre sus pies.

Mientras que los humanos no se mueven tan rápido como la mayoría de los animales con cuatro patas que corren sobre sus dedos o pezuñas, pueden pararse y caminar, correr y saltar sobre sus dos piernas. ¿Qué más puedes hacer con tus piernas y pies?

Para las mentes creativas

Pies especiales

La mayoría, pero no todos los animales, tienen pies. Los animales que no tienen pies, como esta serpiente coral ratonera, tienen músculos fuertes en su abdomen que se agarran de la tierra debajo de sus estómagos cuando se mueven.

Las cerdas o púas en las garras en los faisanes grévol engolados que viven en las áreas del norte con inviernos largos y mucha nieve, son dos veces más grandes que los grévol engolados que viven más hacia el sur.

En tan sólo un minuto, un topo puede cavar un túnel tan largo como tus dos brazos juntos. Utiliza sus pies delanteros para cavar mientras sus pies traseros avientan la tierra suelta afuera del hoyo.

Un pájaro carpintero pasa mucho tiempo sostenido a la corteza de los árboles mientras hace hoyos con su pico para atrapar insectos o hacer hoyos para anidar. Muchos pájaros tienen tres dedos apuntando hacia adelante y un dedo apuntando hacia atrás. Los pájaros carpinteros tienen dos dedos al frente y dos dedos atrás (dedo zigodáctilo) lo que les permite agarrarse mejor de los troncos de los árboles y las ramas.

Algunos mamíferos, como esta marta de América tienen glándulas olorosas en sus pies. Dejan un rastro de su olor cada que dan un paso.

Lo que las patas pueden hacer

Une las descripciones a la derecha con los animales a la izquierda. Las respuestas se encuentran al final de la página.

venado de cola blanca

abeja

ardilla roja

ánade azulón

araña

libélula

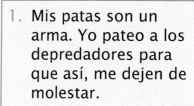

1. Mis patas son un arma. Yo pateo a los depredadores para que así, me dejen de molestar.

2. Utilizo mis patas para nadar. Mis dedos palmeados me ayudan a moverme en el agua.

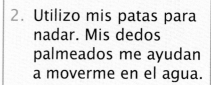

3. Mis patas pueden atrapar mi próxima comida. Tengo tres pares de patas.

4. Mis patas y mis pies me ayudan a afianzarme a la corteza del árbol y subirme a él.

5. Utilizo mis ocho patas para caminar en mi telaraña. Mis pies pueden probar la comida.

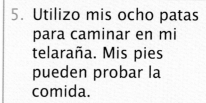

6. Mis patas tienen unas almohadillas. Puedo llevar el polen de flor en flor.

respuestas: 1: venado de cola blanca. 2: ánade azulón. 3: libélula. 4: ardilla roja. 5: araña. 6: abeja.

Une la pata al animal

Une estos pies con los animales que le correspondan. ¿Qué puedes decir de los animales al ver sus pies? ¿Cómo piensas tú que los animales utilizan sus pies? Las respuestas se encuentran al inferior.

1- B carabo norteamericano, 2- F adelfa verde, 3- A milpiés, 4- E tritón americano de lunares rojos, 5-C zorro rojo, 6-D galápago de bosque

Hechos divertidos

Las zarigüeyas tienen un "dedo" especial en cada pie posterior que puede tocar cada uno de los dedos de ese mismo pié. Este dedo opuesto ayuda a las zarigüeyas a agarrarse de las ramas y trepar.

Los humanos—como tú y como yo—tenemos dedos opuestos en nuestras manos. ¿Puedes tocar las puntas de tus otros dedos de la misma mano con tu dedo pulgar? Imagínate que difícil sería subirte a un árbol, cepillarte los dientes o comerte un sandwich si no tuvieras dedos opuestos.

Los puercoespines comen corteza de árbol y pasan mucho tiempo trepados en ellos. Sus patas les ayudan a subirse a los troncos y a las ramas en donde comen las hojas y los capullos. Las garras en las patas del puercoespín son curvas y se afianzan a la corteza muy bien. La almohadilla de cada pie tiene muchos bultos. Estos bultos ayudan al pie a aferrarse a la corteza del árbol.

Los pies delanteros de un castor son pequeños y no son palmeados. Los castores los utilizan para coger lodo, palos y piedras, pero no nadan con ellos. Los pies traseros del castor son largos y están palmeados entre los dedos. Cuando un castor nada, se mueve a través del agua con sus pies traseros y los controla con su cola. Cada pie trasero tiene dos uñas que están divididas. Un castor utiliza estas uñas para limpiar hojas, palos, insectos y quitarles su pelaje. Un castor utiliza sus uñas en cada una de sus cuatro patas para untarse aceite en su pelaje para que sea resistente al agua.

Todas las arañas tejen una telaraña y sus patas ayudan a guiar la seda mientras hacen diseños con ellas. La mayoría de las patas de las arañas tienen unas garras en la punta. Con ayuda de ellas, algunas arañas tejen telerañas, enredan a su presa, hacen bolsas para huevos y construyen guarderías para sus crías. Las ocho patas y pies de una araña le ayudan a atrapar comida, tejer telarañas, atrapar presas y subir a los tallos de las flores.

Con agradecimiento a Roger Wrubel, el director del Mass Audubon´s Habitat Education Center and Wildlife Sanctuary, por verificar la información de este libro.

Library of Congress Cataloging-in-Publication Data

Names: Holland, Mary, 1946- author.
Title: Patas de los animales / por Mary Holland.
Other titles: Animal legs. Spanish
Description: Mount Pleasant, SC : Arbordale Publishing, 2016. | Series: Animal anatomy and adaptations | Audience: Ages 4-8. | Includes bibliographical references.
Identifiers: LCCN 2016019115 (print) | LCCN 2016023322 (ebook) | ISBN 9781628558456 (spanish pbk.) | ISBN 9781628558470 (spanish downloadable ebook) | ISBN 9781628558494 (spanish interactive dual-language ebook) | ISBN 9781628558432 (english hardcover) | ISBN 9781628558449 (english pbk.) | ISBN 9781628558463 (english downloadable ebook) | ISBN 9781628558487 (english interactive dual-language ebook) | ISBN 9781628558470 (Spanish Download) | ISBN 9781628558494 (Span. Interactive) | ISBN 9781628558463 (English Download) | ISBN 9781628558487 (Eng. Interactive)
Subjects: LCSH: Leg--Juvenile literature. | Animal locomotion--Juvenile literature. | Anatomy--Juvenile literature. | Adaptation (Biology)--Juvenile literature.
Classification: LCC QL950.7 .H58618 2016 (print) | LCC QL950.7 (ebook) | DDC 591.47/9--dc23
LC record available at https://lccn.loc.gov/2016019115

Título original en Inglés: *Animal Legs*
Traducido por Rosalyna Toth en colaboración con Federico Kaiser.

Bibliografía:
Education Department. *Two Legs, Four Legs, Six Legs, More!* National Aquarium. 2012. Web.
Holland, Mary. *Naturally Curious: A Photographic Field Guide and Month-By-Month Journey Through the Fields, Woods, and Marshes of New England.* North Pomfret, VT: Trafalgar Square Books, 2010.

Elaborado en los EE.UU.
Este producto se ajusta al CPSIA 2008

Arbordale Publishing
Mt. Pleasant, SC 29464
www.ArbordalePublishing.com

Mary Holland es una naturalista, fotógrafa de la naturaleza, columnista y autora galardonada con una pasión de por vida por la historia natural. Después de graduarse de la Escuela de Recursos Naturales de la Universidad de Michigan, Mary trabajó como naturalista en el Museo de Hudson Highlands en el estado de Nueva York, dirigió el programa estatal de Aprendizaje Ambiental para el Futuro para el Instituto Vermont de Ciencias Naturales, trabajó como naturalista de recursos para la Sociedad Audubon de Massachusetts, y diseñó y presentó su propio Knee-High Nature Programs para las bibliotecas y escuelas primarias de todo Vermont y New Hampshire. Sus otros libros para niños con Arbordale Publishing incluyen: *El ocupadísimo año de los castores, El primer verano del zorro Fernando* (NSTA / CBC libro de ciencias más destacado y el premio Moonbeam de libros para niños), *Bocas de animales* (NSTA / CBC libro de ciencias más destacado) y *Los ojos de los animales*. El libro de Mary, *Naturally Curious: a Photographic Field Guide and Month-by-Month Journey Through the Fields, Woods and Marshes of New England*, ganó el premio nacional 2011 de libros de exteriores en la categoría de libros—guía de la naturaleza. Mary vive en Vermont con su labrador Emma. Visita el blog de Mary en naturallycuriouswithmaryholland.wordpress.com.

Mary Holland

Si disfrutaste de este libro, busca estos otros
títulos de Arbordale Publishing:

Los ojos de los animales
Por Mary Holland

Bocas de animales
por Mary Holland

El ocupadísimo año de los castores
por Mary Holland

El primer verano del zorro Fernando
por Mary Holland

LA HISTORIA DE KALI
El rescate de un oso polar huérfano
por Jennifer Keats Curtis
fotografía por John Gomes

Avanzando... de aquí para allá
migraciones masivas
por Susan Cohen
ilustrado por Susan Detwiler

Osos Polares y Pingüinos
un libro de comparación y contraste
por Katharine Hall

Incluye 4 páginas de
actividades para la
enseñanza
www.ArbordalePublishing.com

ISBN: 978-1-62855-8456

**Complimentary Copy
For Review**

Arbordale Publishing

Hasta la vista, cocodrilo
El diario de Alexa

por Dr. Brady Barr y
Jennifer Keats Curtis

ilustrado por Susan Detwiler

$9.95 U.S.

Hasta la vista, cocodrilo
El diario de Alexa

Alexa y otros niños de su escuela en Costa Rica tienen un proyecto especial: ellos están criando cocodrilos americanos. Ella nombra a su cocodrilo "Jefe" porque parece que él está a cargo de los otros. Alexa le trae pollo y ranas para comer y escribe acerca de su progreso en su diario. Muy pronto, su pequeño crío está tan grande como una barra grande de pan. Se ha convertido en un cocodrilo joven y es tiempo de que Alexa le diga adiós y que Jefe regrese a la vida salvaje.

Arbordale Publishing ofrece más que un libro con ilustraciones. Nosotros abrimos la puerta para que los niños exploren los hechos detrás de la historia que ellos aman.

Con agradecimiento a John Brueggen, Director of the St. Augustine Alligator Farm Zoological Park por verificar la información de este libro.

Para Mentes Creativas incluye:
° ¿Coco-qué?
° Los dientes
° Dr. Brady Barr
° Conservación de los cocodrilos

Visita www.ArbordalePublishing.com para explorar recursos adicionales y ayuda: actividades para la enseñanza, pruebas interactivas, y páginas web relacionadas.

Los libros de Arbordale en ebooks con lectura en voz alta tanto en Inglés como Español con palabras resaltadas y velocidad de audio ajustable. Disponible en la compra en linea.

Traducido por Rosalyna Toth en colaboración con Federico Kaiser.